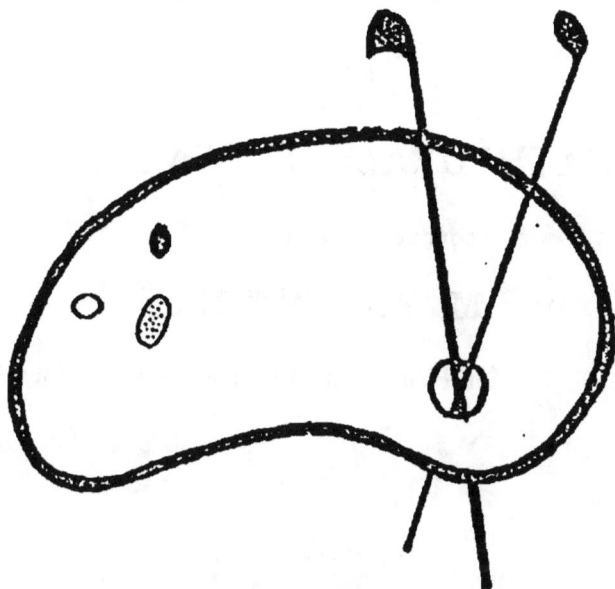

DEBUT D'UNE SERIE DE DOCUMENTS
EN COULEUR

DESCRIPTION

DE

L'HORLOGE MONUMENTALE

DE

LA CATHÉDRALE DE BEAUVAIS

CONÇUE & EXÉCUTÉE

par M. A.-L. VÉRITÉ

CHEVALIER DE LA LÉGION-D'HONNEUR, INGÉNIEUR CIVIL A BEAUVAIS

AMIENS

IMPRIMERIE ALFRED CARON FILS ET Cᵉ,
rue du Lycée, 73.

1876.

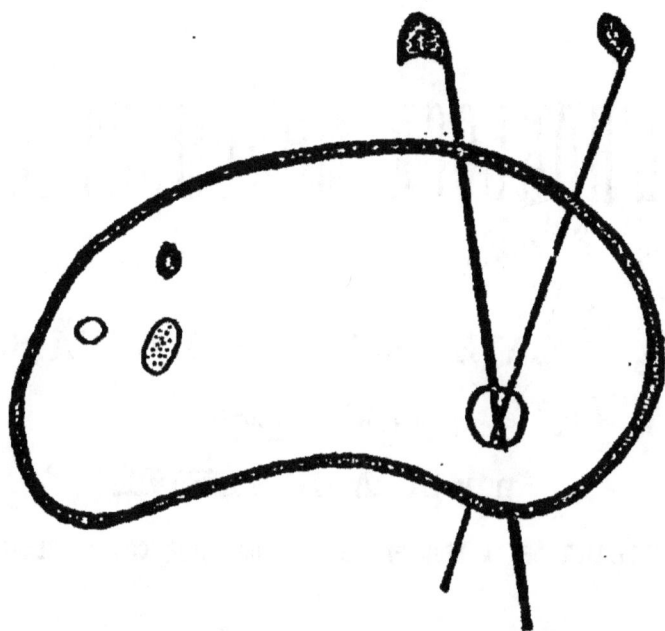

FIN D'UNE SERIE DE DOCUMENTS
EN COULEUR

DESCRIPTION

DE

L'HORLOGE MONUMENTALE

DE

LA CATHÉDRALE DE BEAUVAIS

CONÇUE & EXÉCUTÉE

par M. A.-L. VÉRITÉ

CHEVALIER DE LA LÉGION-D'HONNEUR, INGÉNIEUR CIVIL A BEAUVAIS

———

AMIENS

IMPRIMERIE ALFRED CARON FILS ET Cᵉ,
rue du Lycée, 73.

—

1876.

AVANT-PROPOS

La première idée de cette horloge appartient
tout entière à Monseigneur Gignoux. Sa Grandeur, fière à si juste titre de sa belle Cathédrale,
voulait la doter d'une horloge qui, par ses
proportions grandioses et ses indications multiples,
fût un ornement digne de cette basilique.

La pensée de Monseigneur n'avait besoin que
d'être exprimée pour être comprise. De nombreux
ecclésiastiques s'empressèrent d'offrir leur con-
cours à sa Grandeur ; Une commission fut
instituée ; l'artiste était tout désigné : son talent
l'imposait, l'amitié le choisissait. Nous avons
nommé M. Vérité. Peu de jours après, on était
à l'œuvre.

Tout le monde connait les gloires comme
aussi les malheurs de la Cathédrale de Beauvais.
Le chœur, par la noble et sévère simplicité
de son ornementation, par ses proportions,
j'oserais presque dire téméraires, tant elles sont
hardies, peut, à juste titre, passer pour le chef-

d'œuvre du treizième siècle. Le seizième siècle ne fit nulle part rien de plus grand ni de plus riche que le portail du midi. Le portail du nord semble être, de son côté, un sublime adieu fait par l'art aux traditions gothiques. Mais les voûtes et la flèche écroulées, et surtout de mauvais jours, rendirent à jamais impossible la construction de la Grande Nef de cette Cathédrale si magnifiquement commencée. Aussi, quand émerveillé par la contemplation du chœur et des transepts, on se retourne cherchant la nef, le regard vient se heurter douloureusement, à quelques pas, contre un mur nu, au lieu de plonger dans les colonnes gigantesques et les voûtes aériennes, qui auraient dû compléter le monument.

Il y aura au moins désormais une sorte de dédommagement. L'Horloge de M. Vérité est installée dans une Chapelle latérale, à côté du Portail Nord ; et le visiteur qui aura admiré dans le Chœur le chef-d'œuvre des temps anciens, pourra étudier, dans cette horloge monumentale, une merveille de notre époque, un chef-d'œuvre d'art, de mécanisme et de précision.

———————

DESCRIPTION

DE L'HORLOGE MONUMENTALE

CATHÉDRALE DE BEAUVAIS.

CHAPITRE Ier.

LE MEUBLE.

Le meuble a été exécuté sur les plans du R. P. Piérart, élève du R. P. Martin. Il mesure 12^m de hauteur, 5^m 12 de largeur et 2^m 82 de profondeur. Il a été conçu dans le style sévère de l'époque romane ; mais on a épuisé, pour le décorer, toutes les richesses de l'ornementation byzantine.

Ce meuble est composé de deux parties bien distinctes. La première est toute architecturale, la seconde est surtout symbolique.

§ Ier. — Partie inférieure et architecturale du Meuble.

Un large soubassement dessine un carré long qui est le plan par terre du meuble ; mais ce soubassement, en se massant et en se compliquant aux quatre angles qu'il prolonge, forme de solides piédestaux.

Sur ces piédestaux se dressent quatre groupes de cinq colonnes qui soutiennent les retombées d'une triple archivolte en retrait, de sorte que le meuble fait porche sur toutes ses faces, suivant une profondeur de plus d'un mètre, que la perspective accuse d'une manière admirable.

Sur les faces latérales, les trois archivoltes concentriques dessinent un triple plein-cintre qui, avec ses trois colonnes, enchâsse une baie unique.

Sur les faces de devant et de derrière, les deux archivoltes qui se trouvent au premier plan, forment une large arcade trilobée dont le sommet est à plus de huit mètres du sol. La troisième archivolte, celle qui est sur le dernier plan, ne suit les deux autres que dans leur premier mouvement ; elle les abandonne aux deux pointes internes du trilobe, pour dessiner, toute seule, les trois pleins-cintres qui couronnent les trois grandes baies perçant à jour le meuble entier. Celle du milieu est d'un mètre à peu près moins élevée que les deux autres. La retombée des pleins-cintres qui couronnent ces baies, repose sur une double série de quatre petites colonnes superposées.

Dans le vaste tympan laissé libre et encadré par la grande arcade trilobée, au-dessus des trois baies et dans le même plan vertical, se dessine un vaste cercle, dont le diamètre ne mesure pas moins d'un mètre cinquante centimètres. La riche décoration de la circonférence de ce cercle rappelle, par ses motifs, les voussures des arcades inférieures. C'est la place du grand cadran de l'Horloge.

Telle est la partie inférieure du meuble dans son ensemble. Oserai-je maintenant décrire l'ornementation dans ses détails ? Une simple nomenclature serait déjà trop longue.

Les nombreux panneaux de chaque piédestal sont ornés de besants fleuris ou non fleuris ; un rinceau, hardiment indiqué au burin plutôt que sculpté, court à la partie supérieure du soubassement et le couronne.

Les grandes colonnes, trois fois annelées avec des rinceaux byzantins, ont leurs fûts couverts de damiers, de pointes de diamant, de feuilles de palmier, de torsades diamantées et de billettes.

Pour les chapiteaux, de profondes fouillures en accusent énergiquement les masses et semblent de loin les mouvementer. De près l'œil peut en admirer tous les détails traités avec un soin scrupuleux.

Rien n'est riche comme les voussures des grandes arcades : roses, pointes de diamant, dents de scie ou damiers, toutes ces décorations, formant guirlande, couvrent les plans verticaux ou fuyants de ces voussures. Pour terminer son œuvre, l'architecte a fait courir au sommet, sur l'extrême arête de la plus haute arcade, une magnifique galerie sculptée à jour. Rien n'est gracieux comme ce couronnement qui se dessine sur un fond toujours sévère et peu mouvementé d'ornements byzantins.

Au-dessous de la galerie et dans les tours superposées à droite et à gauche, s'ouvrent une cinquantaine de petites fenêtres dans lesquelles se montrent des figurines de types variés qui représentent tous les peuples du monde.

C'est dans les arcades et les baies de cette première partie du Meuble que sont disposés symétriquement et par groupes les 52 cadrans de l'horloge. Toute cette partie est ainsi consacrée à la représentation des phénomènes astronomiques, à la mesure du temps, et aux habitants de la terre, pour qui le temps a été créé.

§ II. — Partie supérieure et symbolique du Meuble.

Dans l'idée chrétienne, le temps ne nous est donné que parce qu'il nous a été mérité par le Sauveur. C'est pour représenter cette idée que, dans le principal cadran du milieu tout en émail, on a peint la figure du Christ, et qu'on fait partir de son cœur les aiguilles qui semblent dans leur mouvement mesurer à chacun sa portion de temps.

Mais, si le Christ est l'auteur et le maître du temps, il est aussi le juge de l'emploi qui en a été fait. L'édifice supérieur ou Cité céleste met en scène le jugement que chacun devra subir, lorsque le temps aura fini pour lui.

Cette Cité est entièrement dorée. Elle est défendue par six grosses tours cantonnées de tourelles et couronnées de machicoulis. Au centre s'élève une gloire peuplée d'Anges, au milieu de laquelle Notre-Seigneur Jésus-Christ est assis sur un arc-en-ciel. Son pied repose sur le globe du monde.

A ses pieds, à droite et à gauche, la Sainte Vierge
et Saint Joseph sont à genoux ; un peu plus bas est
dressée une croix entre deux anges qui portent les
instruments de la Passion. En avant et sur la tour
du milieu, Saint Michel est debout, armé de la balance du Jugement ; enfin, au-dessous et sur la croix
qui domine la grande arcade trilobée, on voit en
saillie le coq, symbole de la vigilance, comme pour
avertir de se tenir prêt : car l'heure du jugement va
sonner (1).

Une douzaine de statuettes sont en outre disposées sur le sommet des tours. Aux quatre angles de
la Cité céleste sont des Anges avec des olifants ; plus
bas Adam, Noë, Abraham et Moïse ; au-dessous les
quatre grands prophètes : Isaïe, Jérémie, Ezéchiel et
Daniel ; les tours qui les portent sont elles-mêmes
soutenues en encorbellement par les quatre Animaux
symboliques, qui figurent les Evangélistes.

Sur la face opposée de la Gloire, la Sainte Vierge
est assise, portant l'Enfant-Jésus ; à ses pieds, Adam
et Eve sont prosternés dans une attitude suppliante.

Comme la droite du trône de Dieu est réservée à
la vertu suivant les traditions évangéliques, dans
cette partie du meuble, toutes les fleurs de l'ornementation sont épanouies, toutes les figures sont sou-

---

(1) C'est ce que rappelle la légende qui encadre la tête du Christ
dans le grand cadran. Vigilate ergo ; nescitis enim quando Domi-
nus domûs veniat: serô, an mediâ nocte, an galli cantu, an manè.
C'est-à-dire : Veillez donc, car vous ne savez quand viendra le
maître de la maison : Si ce sera le soir, ou au milieu de la nuit,
ou au chant du coq, ou le matin.

riantes, tout y respire le bonheur et la vie. A
gauche, au contraire, est le côté maudit du vice.
Aussi, sur cette autre partie du meuble, n'y a-t-il
qu'emblêmes de souffrance et de damnation. Tous
les calices des fleurs ont perdu leurs corolles; des
têtes grimaçantes de douleur y font pendant aux têtes
de mort. Il n'y a pas jusqu'aux damiers qui restent
sans jetons; la partie est jouée et perdue pour l'E-
ternité : il n'y a plus d'espérance.

CHAPITRE II.

MÉCANISME DE L'HORLOGE.

Ce qui frappe, au premier coup d'œil, dans ce merveilleux mécanisme qui compte jusqu'à 90,000 pièces, c'est l'harmonie de l'ensemble et la complète symétrie de tous les rouages.

Au centre sont les parties principales : le régulateur, le grand cadran, le comput ecclésiastique entouré d'une guirlande de cadrans plus petits. Les baies de droite et de gauche offrent chacune trois étages de cadrans, ceux du milieu en couronne. Il en est de même sur les façades latérales. Si le regard plonge dans l'intérieur de cette forêt d'organes mécaniques, rien de confus, même répartition symétrique ; et, pendant que le pendule central répète gravement ses oscillations monotones, deux grands pendules coniques semblent, en parcourant rapidement leur courbe à ses côtés, donner à toute la machine le mouvement et la vie.

Disons quelques mots des moteurs, des indications des cadrans, et de la scène du jugement.

ARTICLE PREMIER.

DES MOTEURS.

Il y a dans cette Horloge un moteur principal qu'on peut nommer le régulateur général, et seize moteurs secondaires. Les moteurs se composent généralement d'un certain nombre de roues mises en mouvement par un poids qui tombe, ou par un ressort qui se détend ; et en outre d'organes régulateurs.

Iᵉʳ. — Du Moteur principal et du Régulateur.

Le Moteur principal à cause de son importance exigeait un soin tout particulier, soit dans sa construction, soit dans l'appareil de régularisation qui renferme deux organes : le pendule et l'échappement. Nous croyons devoir donner quelque développement à sa description, comme à celle du pendule et de l'échappement.

I. — *Du Moteur principal proprement dit.*

Ce moteur se trouve au milieu de la grande baie de la façade de derrière. On le voit solidement posé sur les cages des deux moteurs de la sonnerie des quarts et des heures, lesquelles lui servent de piédestal. Pas un mouvement ne se produit dans l'Horloge, nulle indication n'est donnée qui n'émane de ce moteur directement ou indirectement. Afin de diminuer de moitié la pression sur les pivots des deux premiers mobiles et sur le premier engrenage, la force motrice est divisée en deux : il y a donc deux poids et deux cylindres dans ce moteur. Pour que l'action de la force motrice ne soit pas suspendue, même pendant le remontage, chaque cylindre porte un rochet renfermant un ressort auxiliaire qui entretient le mouvement du rouage tandis qu'on relève les poids. Le dernier mobile qui se meut sous l'action directe des poids, est armé d'un volant et fait fonctionner un remontoir d'égalité qui sera décrit plus loin. Ce remontoir par un de ses organes imprime le mouvement à l'échappement.

Sur le devant du moteur principal existe un mécanisme connu sous le nom de départ. Ce départ, faisant un tour par heure, se compose de deux plateaux dont l'un est solidaire avec l'axe qui le porte, et l'autre, mobile sur cet axe, peut se mouvoir dans un plan parallèle. Le premier reçoit son mouvement du moteur principal et le communique au second à l'aide d'un valet à ressort dont la tête s'engage dans l'une des soixante entailles qui échancrent la circonférence de ce second plateau.

Ces deux plateaux, ainsi rattachés, marchent d'un même mouvement. Mais si on soulève la tête du valet qui lie le premier au second, on peut faire avancer ou reculer le second plateau, autant qu'on voudra. Et, comme c'est lui qui, à l'aide d'un engrenage conique, fait circuler le mouvement dans toute l'Horloge, il communiquera partout et à tous les cadrans l'avance ou le retard qu'on lui aura donné.

Ce moteur central communique le mouvement :
1° à toutes les aiguilles chargées d'indiquer l'heure
sur plus de vingt cadrans différents, 2° au soleil et à
la lune qui gravitent autour des globes terrestres,
3° aux aiguilles qui indiquent le temps sidéral, 4° aux
deux planisphères célestes, 5° au planétaire re-
produisant les éclipses du soleil, 6° aux aiguilles du
cadran répétiteur placé derrière l'horloge, 7° enfin
à l'aiguille unique du petit cadran des secondes
posé, pour ainsi dire, sur le parquet de l'Horloge,
au-dessous du pendule dont il compte les oscillations.

§. II. — DU PENDULE.

Le pendule, dans ses oscillations isochrones,
c'est-à-dire d'égale durée, arrête et laisse passer
successivement les dents d'une roue appelée roue
d'échappement. Par conséquent cette roue et avec
elle toute l'horloge, auront une marche parfaite, à la
seule condition que le mouvement du pendule soit
tout-à-fait régulier.

Dans le pendule de M. Vérité la lentille a le poids
énorme de 45 kil., pour être moins sensible aux
petites causes de perturbation. Elle offre cette par-
ticularité originale qu'elle a été évidée en son milieu pour y recevoir et y montrer le plus délicat des
organes de l'horloge : l'échappement.

Deux causes surtout peuvent altérer l'isochronisme de ses oscillations : les variations de température qui feraient changer sa longueur, et les

variations dans la force impulsive qui doit lui rendre, à chaque oscillation, ce qu'il perd de mouvement par les résistances qu'il éprouve.

On corrige les effets des variations de température, en suspendant la lentille au moyen du Compensateur depuis longtemps connu en horlogerie. Il a l'aspect d'une grille formée de neuf verges dont cinq sont en acier et quatre en laiton. Ces verges sont disposées de manière que les variations de longueur des tiges de laiton se produisent dans un sens, et celles des tiges d'acier dans le sens opposé.

Cette disposition laisse encore subsister nécessairement une erreur fort légère, il est vrai, mais que M. Vérité n'a pas voulu négliger, et il a eu recours à une compensation complémentaire.

Deux cylindres de laiton, appuyés sur la dernière barre transversale de la grille, s'élèvent verticalement. A leur partie supérieure sont fixées deux tiges d'acier, qui les traversent, et viennent s'attacher aux deux points extrêmes du diamètre horizontal de la lentille qu'ils supportent. Toutes ces longeurs du cylindre et des verges de laiton, comme celles des verges d'acier, sont calculées rigoureusement, pour que les dilatations ou contractions produites par les variations de température se compensent exactement.

Le pendule peut dès lors être considéré comme invariable dans sa longueur. Reste la seconde cause perturbatrice : l'inégalité des forces impulsives. M. Vérité parvient à en annuler les effets par le remontoir d'égalité et par son échappement. Voici comment il les décrit lui-même :

§. III. — Du Remontoir d'égalité et de l'Échappement.

Nous avons dit précédemment que le dernier mobile du rouage du moteur principal, armé d'un volant, faisait fonctionner un remontoir d'égalité. Ce remontoir a pour but de soustraire l'échappement aux perturbations qui seraient occasionnées par les frottements de l'immense quantité de roues et de leviers dont se compose l'horloge ; frottements qui viendraient imprimer à la roue d'échappement une force assez irrégulière pour que l'isochronisme des oscillations du pendule en fût affecté.

Voici comment ce remontoir est disposé. Pour que la roue d'échappement reçoive constamment une force constante, un petit poids de quelques grammes agit seul et immédiatement sur elle, seul il lui imprime le mouvement. Or, sa pesanteur étant constante, puisqu'il pèse aujourd'hui ce qu'il pèsera demain, ce qu'il pèsera toujours, cette roue se trouve sollicitée par une force rigoureusement constante. Mais on comprendra facilement que ce petit poids ne peut transmettre la puissance qu'il possède, qu'à la condition de descendre lui-même avec une certaine vitesse. Il est donc urgent qu'il soit relevé de temps en temps. C'est en effet ce qui a lieu toutes les quatre secondes. Voici comment. Ce poids est suspendu à l'extrémité d'un levier, sur lequel est fixé une chappe renfermant une roue satellite qui engrène, d'un côté, concentriquement avec la lanterne qui conduit la roue d'échappement et du côté

diamétralement opposé, avec une autre lanterne
fixée sur le dernier mobile du moteur principal. Par
l'intermédiaire de cette roue satellite, la roue d'é-
chappement se trouve en relation avec le dernier
mobile du moteur principal. Sur ce dernier mobile
existe un levier qui vient s'enclancher sur l'extrémité
opposée du levier portant le petits poids, et par
conséquent arrêter dans sa marche le rouage du
moteur principal. Mais cet arrêt n'est que tempo-
raire ; car il est subordonné à la descente du petit
poids. Après quatre secondes, en effet, ce poids sera
descendu assez bas pour permettre à l'autre extrémité de son levier de rendre la liberté au moteur
principal, et son dernier mobile, faisant un mouvement de rotation sur lui-même, ramène la roue satellite à sa position première, ainsi que le petit poids.
Alors le moteur principal se trouvera à nouveau en-
clanché pendant une nouvelle période de quatre
secondes.

§. IV. — De l'Échappement.

L'Echappement, dans un instrument destiné à la
mesure du temps, est sans contredit la partie la plus
importante de tout le mécanisme. C'est un organe
dont les effets sont très complexes, et qui demande
un soin d'exécution tout exceptionnel.

Au centre de la lentille est placé un galet mobile
sur son axe ; et à proximité de ce galet, deux leviers verticaux, armés chacun d'une petite masse
impulvise, tendent à les faire approcher à une cer-

2

taine distance du galet. En cet état, si l'on faisait
osciller le pendule, le galet viendrait à chaque oscillation déplacer l'un ou l'autre de ces deux leviers. Mais ce déplacement n'entretiendrait nulle-
ment son mouvement, puisque la résistance des
masses sur le pendule, égalerait leur puissance. Pour
que les oscillations puissent se perpétuer, il faut que
la résistance des masses n'égale pas leur puissance.
Cet effet est obtenu avec le secours d'un plan incliné
placé sur chaque levier. Ces plans inclinés sont en-
gagés entre des chevilles dont la roue d'échappement est pourvue à sa circonférence. Ces chevilles
maintiennent donc la roue à l'état de repos. Mais si
on fait osciller le pendule, chaque cheville de la roue
d'échappement sollicitée, comme nous l'avons vu,
par une force constante, viendra presser alternative-
ment, et avec une force constante, sur chacun des
plans inclinés. Cette pression diminuera toujours
d'une égale quantité la puissance de chaque masse
pendant toutes les demi-oscillations ascendantes du
pendule. Au contraire, dans la demi-oscillation des-
cendante, les masses, devenues libres, agissent de
tout leur poids ; leur pression, sur le pendule, sera
donc plus grande et plus grande d'une quantité
constante. C'est cet excès de pression toujours le
même qui entretient le mouvement du pendule et
assure l'isochronisme de ses oscillations.

Note. — On lisait dans la 1re édition de cette notice, la description
d'un échappement tout différent de celui-ci et qui semblait l'idéal de
la perfection. L'horloge a aussi ressenti les malheurs de la guerre de

§ III. — Des moteurs secondaires.

Autour de ce moteur principal que nous venons de décrire, il y a quatorze moteurs secondaires. Des poids les font marcher, de simples volants modèrent leur mouvement. Pour deux de ces moteurs seulement, on a combiné le volant avec le pendule conique, afin d'ajouter un peu plus de régularité dans leur mouvement. Inutile de dire que ces moteurs secondaires, quant au mouvement, sont parfaitement indépendants du moteur principal ; mais, quant au moment de leur action, c'est lui qui l'indique. Les moteurs secondaires ne marchent pas par le moteur principal ; mais ils ne se mettent en mouvement qu'à son ordre. Toute cause d'arrêt dans le moteur principal produirait une véritable paralysie dans tous les autres moteurs.

1870. Elle était alors exposée à Paris dans le palais de l'Industrie, où elle dut subir toutes les intempéries, pendant le 1er siége, l'occupation prussienne, la commune et le second siége. Toutes les pièces d'acier furent oxidées et l'échappement détruit. M. Vérité crut alors devoir lui substituer celui qu'on vient de décrire. Il a craint que son extrême délicatesse rendît impossible des réparations si elles devenaient nécessaires.

ARTICLE DEUXIÈME.

INDICATIONS DONNÉES ET MOUVEMENTS OPÉRÉS.

Après avoir étudié les principes multiples du mouvement, comme après avoir admiré la cause unique qui commande et règne au sein d'un mécanisme si vaste, il nous reste à indiquer et à expliquer brièvement les effets qui en découlent. Les cadrans se présentent par groupes à chaque baie du meuble. Notre marche est donc toute tracée : nous irons de groupe en groupe, les indiquant par l'ouverture qui les enchâsse, pour nous élever ensuite jusqu'à la grande scène du haut.

§ Iᵉʳ. — Grande façade de devant.

1º Grand cadran supérieur.

Ce cadran splendide dont le fond est un portrait de Notre-Seigneur, d'un émail sans égal en grandeur, est accompagné de douze émaux plus petits, représentant les apôtres. Il est destiné à donner les minutes et les heures du temps moyen. Les aiguilles en sont directement conduites par le moteur central, et leur mouvement est l'expression la plus simple de sa marche. Un large bandeau qui forme comme la circonférence du cadran, est divisé en vingt-quatre cartouches sur lesquels se trouvent indi-

quées les vingt-quatre heures du jour. Le nombre
douze est remplacé sur le cartouche le plus infé-
rieur par le mot midi, et le mot minuit remplace le
chiffre douze sur le cartouche le plus élevé. L'aiguille des minutes fait une révolution complète
toutes les heures et compte soixante minutes ; l'aiguille des heures fait une révolution complète en un
jour, c'est-à-dire en quatorze cent quarante minutes,
mesure exacte d'un jour moyen. On entend par le
temps moyen la division uniforme de tous les jours
de l'année ; ce qui donne pour chacun d'eux quatorze cent quarante minutes. Le temps vrai, ou le
jour réel qui s'écoule entre deux passages successifs du soleil au méridien, a tantôt plus, tantôt
moins de quatorze cent quarante minutes ; les
différences accumulées arrivent à donner un écart
entre le midi vrai et le midi moyen, qui va jusqu'à
seize minutes dix-huit secondes d'avance ou quatorze minutes trente-quatre secondes de retard.

2° *Baie du milieu.*

Nous trouvons là un groupe de douze cadrans :
l'un est central, les onze autres sont disposés autour de lui, et retombent en guirlande à sa droite et
à sa gauche.

N° 1er.

1° *Le cadran central.*

Ce cadran donne toutes les indications du comput
ecclésiastique. Ce comput est un ensemble de

cinq cycles ou périodes, qui servent à déterminer les époques des Fêtes mobiles, conformément au Calendrier grégorien.

44 ans avant l'ère chrétienne, Jules César avait réglé l'année sur le cours du soleil, telle que nous l'avons encore, avec ses divisions en mois de 30 ou 31 jours, Février seul ayant 28 jours (29 dans les années bissextiles.) Cette distribution du temps contenait une erreur de 11^m, 9^s, qui en s'accumulant se trouvait être, en 1582, de 10 jours, et ramenait l'équinoxe au 31 Mars, au lieu du 21. Le pape Grégoire XIII, sur l'avis des plus habiles astronomes, supprima dans cette année, 10 jours, en décidant que le lendemain du 4 octobre serait le 15 ; et, pour éviter le retour des mêmes erreurs, il régla que, sur quatre années séculaires, on n'en conserverait qu'une comme année bissextile : celle dont le nombre des centaines est divisible par quatre. Ainsi les années 1700, 1800, 1900 ne sont pas bissextiles, l'an 2000 le sera,

Le calendrier, par suite de cette réforme, a pris le nom de calendrier grégorien. Il renferme le Cycle solaire, le Nombre d'or, les Epactes, les Lettres dominicales et l'Indiction romaine.

Cinq aiguilles, partant du centre du cadran, vont indiquer, sur des cercles correspondants et concentriques, les nombres de ces diverses périodes pour l'année courante. Chaque indication est en émail blanc et ressort sur le fond bleu du cadran. Chaque aiguille terminée à l'une de ses extrémités par une flèche, vient, tous les ans au 31 décembre à minuit, se fixer en regard du chiffre ou de la lettre qu'elle doit désigner toute l'année. L'extrémité opposée à la flèche se termine par une portion de cercle sur laquelle est gravé le nom de la période qu'elle indique.

1° Sur le cercle le plus grand, on trouve en chiffres les vingt-huit indications du Cycle solaire.

2° Sur le deuxième cercle, la série des lettres dominicales ;

3° Sur le troisième cercle, les dix-neuf indications du nombre d'or ;

4° Sur le quatrième cercle, les épactes ;

5° Sur le cinquième et dernier cercle, les quinze chiffres de l'indiction romaine.

Voici quelques rapides détails sur ces diverses périodes.

Cycle solaire : ce Cycle qui a commencé neuf ans avant notre ère, est une suite ou période de vingt-huit années, au bout desquelles l'année recommence toujours par les mêmes jours.

Lettre dominicale : Dans le calendrier ecclésiastique, à côté de chacun des jours de l'année, on a placé successivement les sept premières lettres de l'alphabet. La lettre A est placée vis-à-vis le 1er janvier, la lettre B, vis-à-vis le 2; la lettre C, vis-à-vis le 3; etc. Au 8me jour la série recommence, et ainsi de suite jusqu'au 31 décembre. Il résulte de cette disposition que, si le 1er janvier est un dimanche, la lettre A indiquera les Dimanches dans toute la suite du calendrier ; si le dimanche tombait le 2 janvier, les dimanches seraient marqués par la lettre B, etc.

Les sept premières lettres de l'alphabet sont, en conséquence, nommées Lettres dominicales. On les a inscrites sur le deuxième cercle du cadran ; et la flèche de l'aiguille indique celle qui pour l'année correspond aux jours de dimanche. Pour les années bissextiles, il y a deux lettres dominicales : la première sert depuis le 1er janvier jusqu'à la fin de février : la seconde, depuis le 1er mars jusqu'au 31 décembre.

Nombre d'or ou cycle lunaire : ce cycle forme une période de dix-neuf ans, et comprend 235 lunaisons, à l'expiration desquelles les nouvelles lunes arrivent aux mêmes époques. L'existence de ce cycle fut constatée 433 ans avant J.-C. par l'astronome Méton. Les Grecs, dans leur enthousiasme, l'inscrivirent en chiffres d'or sur les murailles de leurs temples ; de là lui vient le nom de *nombre d'or.* La flèche de la troisième aiguille, indique l'âge du cycle lunaire, ou le nombre d'or de l'année.

Epactes : on entend par épactes l'âge de la lune au 1er janvier de chaque année solaire. Comme la différence entre les deux années est de onze jours, les épactes augmentent chaque année de onze jours. Lorsqu'elles dépassent trente, on retranche ce nombre ; le reste est l'épacte de l'année. La flèche de la quatrième aiguille marque l'épacte ou l'âge que la lune avait au 1er janvier de la présente année.

Indiction romaine : c'est une période de quinze ans. A l'époque de la réforme Julienne, cette indiction servait à fixer la promulgation de certains édits relatifs aux impôts. Sous Constantin et ses succes-

seurs, l'indiction servait à dater les actes des tribu-
naux, comme encore aujourd'hui elle sert à dater
les actes de la cour romaine. Le chiffre indiqué par
la flèche de la cinquième aiguille désigne en quelle
année on se trouve de la révolution présente de
quinze années, ou de l'indiction.

Tous les effets sont produits par le moteur n° 5;
voici comment. Le moteur principal fait directement
marcher la roue annuelle placée derrière le comput
ecclésiastique : cette roue annuelle porte sur son axe
un limaçon saillant sur lequel repose un levier en
rapport avec la détente du moteur secondaire n° 5.
Ce levier, insensiblement soulevé pendant toute
la durée de l'année, est tout-à-coup abandonné à
lui-même, quand minuit sonne au 31 décembre. Le
moteur n° 5 se met alors en mouvement, et par une
transmission convenablement disposée, toutes les
aiguilles du comput prennent la place qu'elles doivent
occuper pendant toute la nouvelle année ; le mouvement est accompli par le moteur secondaire, mais
c'est le moteur principal qui en donne le signal et la
mesure.

N° 2.

Le cadran qui est au-dessus de celui que nous
venons de décrire, et sur la même verticale, donne
l'heure du jour sidéral. Un jour sidéral est mesuré
par deux passages successifs de la même étoile au
méridien. Ce jour, suivant la mesure du temps
moyen, ne comprend que 23 heures 56 minutes
4 secondes 0907 : il est d'une uniformité parfaite.

L'accélération du jour sidéral sur le jour moyen est donc, par chaque vingt-quatre heures, de 3 minutes 55 secondes 9003. On nous pardonnera d'indiquer ici le moyen sûr, non pas de mettre à l'heure, mais de régler la marche de toute pendule et de toute montre. Il suffit de remarquer l'heure qu'indique l'instrument au passage d'une étoile derrière deux points fixes, comme les extrêmes pointes d'un pignon et d'un clocher. Si le lendemain, au passage de l'étoile au même point, le chronomètre est en retard de 3 minutes 56 secondes, sa marche est parfaite.

N° 3.

Le cadran n° 3 donne l'équation solaire, c'est-à-dire jour par jour la différence qui existe entre le temps vrai ou le temps mesuré par deux passages successifs du soleil au méridien, et le temps moyen ou le jour mesuré par une montre bien réglée. Les jours vrais, en d'autres termes, les jours mesurés par le soleil, sont loin d'être égaux, et ils ne sont en parfait accord avec le temps moyen que quatre fois l'an, savoir : le 15 avril, le 15 juin, le 1er septembre et le 24 décembre. En dehors de ces quatre époques, les jours vrais sont parfois en avance sur le temps moyen de environ 16 minutes 1]2, et en retard aussi parfois de 14 minutes 1]2. L'aiguille de l'équation solaire indique, jour par jour, le nombre de minutes qu'il faut retrancher du jour moyen ou y ajouter pour avoir le jour solaire ou le jour vrai.

N° 4.

Le cadran n° 4 indique la déclinaison du soleil ou sa distance de l'équateur céleste. On sait qu'au moment où le soleil passe au méridien d'un lieu quelconque, il est midi pour ce lieu ; mais on observe facilement que le soleil ne traverse jamais le méridien, deux fois de suite, sur le même point. A partir de l'équinoxe du printemps, vers le 21 Mars, il s'élève graduellement dans l'hémisphère boréal, jusqu'à une distance de l'équateur de ρ. ès de 23° 28', vers le 22 juin : c'est le solstice d'été il redescend alors, en se rapprochant de l'équateur qu'il atteint à l'équinoxe d'automne, vers le 23 septembre. Son mouvement descendant continue dans l'hémisphère austral, jusqu'à ce qu'il s'arrête à 23° 28', c'est le solstice d'hiver. Enfin il se rapproche de nouveau de l'équateur où il arrive vers le 21 mars. Ce sont ces distances ou déclinaisons que l'aiguille du cadran n° 4 indique pour chaque jour de l'année.

N° 5 et 6.

Les deux cadrans n° 5 et n° 6 indiquent la longueur des jours et la longueur des nuits. L'inégalité des jours et des nuits est la conséquence nécessaire de la déclinaison du soleil.

A l'équateur, la durée des jours et des nuits est, constamment de douze heures ; à mesure qu'on s'en éloigne, les inégalités augmentent avec les latitudes jusqu'aux cercles polaires. A partir des cercles polaires, on a des jours dont la durée varie depuis zéro jusqu'à six mois, et réciproquement pour la durée des nuits. Aux pôles, on a un jour de six mois, auquel succède une nuit qui est également de six mois. Pour Beauvais dont la latitude est de 49° 26', les plus longs jours sont à peu près de 16 heures 4 minutes, et les plus courts, de 7 heures 56 minutes. Il faut pourtant ajouter à ces nombres 9 minutes, à cause de la réfraction qui fait paraître le soleil plus longtemps au-dessus de l'horizon qu'il n'y est réellement.

Les cadrans n° 5 et n° 6 comptent chacun vingt-quatre divisions qui correspondent aux vingt-quatre heures du jour. A minuit les aiguilles se déplacent et la première indique, sur le cadran n°5, la longueur du jour qui va commencer, la seconde, sur le cadran n° 6, la longueur de la nuit qui le suivra.

N° 7.

Le cadran n° 7 indique les saisons. La circonférence de ce cadran est divisée en quatre: chaque division indique une saison, et l'aiguille entre dans l'une de ces quatre divisions ou en sort, lorsque commence ou finit la saison à laquelle elle correspond.

N° 8.

Le cadran n° 8 porte sur sa circonférence le nom des douze signes du zodiaque. L'aiguille indique mois par mois l'entrée du soleil dans un signe, puis sa sortie.

Nos 9 & 10.

Ces cadrans indiquent l'un, l'heure et la minute du lever du soleil ; l'autre, l'heure et la minute de son coucher.

Nos 11 & 12.

Ces cadrans sont chargés d'indiquer l'un, le jour de la semaine ; l'autre, la planète qui donne à ce jour son nom. Tous les jours, à minuit, chacune de ces aiguilles avance d'un degré.

3° Baie de droite.

N° 1er.

Le cadran n° 1er n'indique plus seulement les heures du lever et du coucher du soleil, il reproduit le phénomène lui-même. Ce cadran porte, à sa plus grande circonférence, une couronne d'or sur laquelle sont chiffrées les douze heures du jour et les douze heures de la nuit, temps moyen. Un soleil d'or parcourt cette couronne et en fait le tour en vingt-quatre heures. Au centre du cadran se dessine sur fond bleu et ressort en relief, un globe terrestre armé d'un anneau d'or, représentant le méridien de Beauvais. Un style part de ce méridien, dans son plan, et s'en va indiquer, de son extrémité, le point d'intersection de ce méridien avec la course du soleil.

Sur le fond bleu du cadran sont tracées trois lignes d'or horizontales. L'une, celle du milieu qui passe

par le centre de la terre, figure l'équateur, et les deux
autres, les solstices. Deux bandes ou aiguilles métal-
liques mobiles partent du globe terrestre et vont,
suivant les saisons, indiquer entre les lignes solsti-
ciales, sur le grand cercle, les heures où le soleil se
lève et se couche. Au 22 juin, elles viennent toucher
les extrémités de la ligne du solstice d'été ; et on
peut lire en ces points, d'un côté, 4 heures pour le
lever du soleil, et de l'autre, 8 heures pour son coucher. Le petit soleil d'or y passe juste aux heures
indiquées.

Les jours suivants, les deux aiguilles descendent
vers la ligne équatoriale, puis vers la ligne du solstice
d'hiver, en suivant le mouvement du soleil, en sorte
que l'accord subsiste en toutes les saisons ; et chaque
jour, le soleil réel et le soleil de l'horloge se lèvent
et se couchent exactement au même instant.

L'observateur peut donc, en face de ce cadran,
assister tous les jours au lever et au coucher exact
du soleil, suivre sa progression vers les solstices
d'hiver et d'été, constater l'époque exacte de ces
solstices, tout aussi bien que le moment de l'équinoxe.

Un autre phénomène est encore reproduit sur ce
cadran. Le soleil avons-nous dit, parcourt, le cadran
en vingt-quatre heures. Ce n'est pas l'expression de
sa marche vraie, mais l'expression de sa marche de
convention suivant les calculs du temps moyen. Tous
les jours, à midi moyen, le soleil d'or se trouve exactement sur le chiffre 12 des heures du jour ; mais le
globe terrestre qui figure le méridien de Beauvais

se déplace tous les jours de la quantité voulue pour que son style aille rencontrer le soleil dans sa marche au moment précis du midi vrai, tantôt avant 12 heures, tantôt après, juste selon l'équation du jour.

N° 2.

Ce cadran qui est à lui seul un groupe de neuf cadrans, donne par le grand cadran du milieu l'heure du méridien de Paris, et par les huit autres qui lui font couronne, l'heure de huit grandes villes dont la longitude est à l'ouest de notre capitale. Chaque cadran porte le nom de la ville dont il indique l'heure, et la longitude de cette ville est indiquée par une petite inscription en émail.

N° 3.

Sur un grand cercle doré qui forme la circonférence de ce cadran, sont inscrits les douze mois de l'année ; chaque mois est subdivisé selon le nombre de ses jours, et chaque jour porte sa date et le nom de son Saint. Une longue aiguille, portée sur un axe placé au centre du cadran, indique de sa flèche le mois, le quantième du mois et le Saint que ce jour-là l'Eglise honore. Cette aiguille reste immobile pendant vingt-quatre heures ; elle n'opère son mouvement qu'à minuit. La journée étant terminée, elle se hâte d'en indiquer une autre. Mécaniquement, un jour est supprimé au mois de février pour toutes les années communes, et, mécaniquement aussi, l'aiguille lui en donne vingt-neuf à chaque année bissextile. L'artiste a prévu jusqu'aux bissextiles séculaires, et les suppressions qu'elles exigent, seront aussi mécaniquement faites. Trois petits cadrans, groupés autour du centre de celui que nous venons de décrire, indiquent le premier les phases de la lune, le deuxième son âge, le troisième l'heure moyenne de son passage au méridien de Beauvais.

4° Baie de gauche.

N° 1er.

Ce cadran porte lui aussi sur sa plus grande circonférence, une couronne d'or divisée en vingt-quatre parties qui correspondent aux douze heures du jour et aux douze heures de la nuit. La lune portée à l'extrémité d'une longue tige et mobile sur ses deux points d'attache, gravite sur le cercle ainsi divisé. Au centre du cadran, on voit un globe terrestre accompagné de son anneau d'or qui figure le méridien de Beauvais. Un style partant de cet anneau d'or et se prolongeant dans son plan, vient couper le cercle que parcourt la lune. Cet ensemble permet 1° d'observer les différentes phases de la lune ; 2° de constater le moment vrai de son passage au méridien de Beauvais. Pour faire comprendre les effets, supposons-nous au commencement d'une lunaison. La lune est alors tellement disposée par rapport à la terre qu'elle ne lui présente que son hémisphère ombrée. Le style est sur le chiffre douze des heures du jour, et la lune le croise sur ce point. Le jour suivant, la terre et son méridien s'étant déplacés de la quantité convenable, la lune ne croisera plus le méridien de Beauvais que 46 minutes 48 secondes plus tard ; le surlendemain, ce retard sera doublé. Il en sera ainsi pour chaque jour pendant une lunaison complète. D'un autre côté, la lune, avons-nous dit, est mobile sur ses deux points d'attache, et, tout en parcourant le cadran, elle opère un mouvement de rotation sur elle-même, de telle sorte que le jour qui suit son passage au méridien de Beauvais à midi, en constatant son retard de 46 minutes 48 secondes, on aperçoit aussi qu'elle présente à la terre un petit filet de son hémisphère de lumière, filet qui s'agrandira tous les jours jusqu'à la pleine lune, c'est-à-dire, à l'époque où elle passera au méridien de Beauvais à douze heures de la nuit en ne montrant plus à la terre que sa moitié lumineuse.

No 2.

Ce cadran forme lui aussi un groupe de neuf cadrans, l'un central et les huit autres lui faisant couronne. Chacun de ces cadrans donne l'heure et la minute de neuf grandes villes qui sont à l'est de Paris. Le cadran central indique l'heure de Rome. Chaque cadran porte le nom de la ville à laquelle il est consacré, et un petit indicateur d'émail marque sa longitude.

No 3.

Un large cercle doré enchâsse ce cadran ; ce cercle est divisé en douze parties dont chacune correspond à l'un des mois de l'année. Chaque division est sub-

divisée en autant de parties que le mois qu'elle représente compte de jours. Chaque jour porte sa
date, le nom de son Saint ou d'une fête. Le cercle ainsi divisé n'est qu'une sorte de calendrier
perpétuel sur lequel, chaque année, les fêtes mobiles viendront s'accuser chacune à son jour. On
sait qu'un certain nombre de fêtes relèvent de la
grande solennité de Pâques ; mais cette fête ne
tombe point à jour fixe. Le concile de Nicée a décidé
qu'elle serait toujours célébrée le premier dimanche
qui suit le quatorzième jour de la lune après l'équinoxe du Printemps. Il en résulte qu'elle ne saurait
jamais être célébrée avant le 22 mars, ni après le
25 avril ; mais son jour varie tous les ans entre ces
deux extrêmes.

Mobile entre ces deux limites, la fête de Pâques
entraîne dans sa mobilité toutes les autres fêtes qui
dépendent d'elles.

L'écart entre les fêtes de Pâques successives ne
saurait jamais dépasser trente-cinq jours ; mais
il s'en faut que cet écart se produise d'une manière
régulière d'une Pâque à l'autre.

La loi de cette périodicité, si elle existe, n'est très-
probablement pas encore connue. Aussi M. Vérité
n'a-t-il point établi son mécanisme pour indiquer
chaque année la fête de Pâques avec son ensemble
de fêtes mobiles pour toute la durée des siècles, mais
seulement pour une période de 300 ans. A l'expiration de ce terme, une modification bien simple
suffira pour permettre à ce cadran de reprendre ses
fonctions pour trois siècles encore.

Autour du centre de ce grand cadran, trois autres petits cadrans se dessinent sur son fond bleu. Tous les trois sont munis de guichets. Le premier de ces cadrans indique l'âge du monde d'après Moïse; le deuxième, le millésime de l'année courante, et marque que cette année est commune ou bissextile; le troisième enfin, indique le siècle courant et s'il est bissextil ou non.

Toutes les indications données par le calendrier restent fixes pendant un an; mais au 31 décembre, à minuit, le mécanisme fonctionne; toutes les fêtes mobiles se déplacent pour venir se fixer aux jours où elles doivent être célébrées pendant l'année qui commence; une unité s'ajoute au millésime de l'année; si le chiffre des unités est neuf, il disparaît pour faire place au zéro, et une unité s'ajoute au chiffre des dizaines; ainsi de suite. Le chiffre dix-neuf, qui indique le siècle courant, restera immobile jusqu'au 31 décembre 2000. Il en est de même du mot bissextil pour les années comme pour les siècles; il ne remplace le mot *commun* ou *commune*, au 31 décembre, qu'après les périodes voulues d'années et de siècles.

§ II. — Façade latérale de droite.

No 1.

Ce cadran renferme un planétaire suivant le système de Copernic. Le soleil est au centre; douze rayons d'or s'échappent de cet astre et s'en vont vers la circonférence du cercle, chacun vers un des signes

du zodiaque. Six planètes gravitent autour du soleil:
la première, en commençant par la plus rapprochée
du soleil, c'est Mercure qui parcourt son orbite en
88 jours à peu près ; la deuxième c'est Vénus la
plus belle de toutes ; elle accomplit sa révolution
entière autour du soleil en 225 jours ; la troisième
c'est la terre, elle met 365 jours 5 heures 48 minutes 48 secondes à décrire son ellipse autour du
soleil ; la quatrième c'est Mars ; la cinquième Jupiter,
et la sixième Saturne. Les trois dernières sont dites
supérieures, parce qu'elles sont, par rapport au
soleil, au-delà de la terre. Elles accomplissent leur
révolution, la première en 687 jours, la deuxième
en 4332 jours, et la dernière en 10747 jours. Saturne ne fera donc sur ce cadran qu'un tour tous les
vingt-neuf ans 1/2, à peu près. Plusieurs de ces planètes sont accompagnées de leurs satellites ; mais
ces satellites ne sont là qu'à l'état rudimentaire. En
effet, ils touchent presque à l'infiniment petit.

N° 2.

Au-dessous de ce 1er cadran, un artiste distingué,
M. THIERRÉE de Beauvais, a peint le mont Saint-
Michel et la mer qui le baigne. Le ciel et la mer du
tableau sont mobiles. Le ciel marche lentement de
l'orient à l'occident et ramène ainsi successivement
au-dessus du port tous les aspects de la tempête et
du beau temps. Avec la tempête la mer devient
houleuse ; et flots et navires s'agitent violemment ;
mais quand en haut le ciel devient serein, le calme

aussi se rétablit en bas, et les flots ne font plus que
bercer les navires qu'ils portent. Ces mouvements
sont produits par le moteur n° 7 à pendule conique.
La peinture est admirablement soignée, et la mise
en scène n'est pas sans intérêt; mais l'œuvre de précision, c'est là reproduction du phénomène des marées comme elles ont lieu, exactement à la même
heure qu'au port de Saint Michel. La mer s'élève
pendant un quart de jour lunaire, pour se retirer
ensuite pendant le même espace de temps; on voit
alors la plage et les rochers se découvrir jusqu'aux
limites de la basse mer, et puis les flots remontent.
On sait que le niveau n'est pas le même entre
deux marées successives : on peut suivre ce phénomène sur le cadran, et voir le niveau s'élever ou
s'incliner peu à peu suivant l'âge de la lune.

Au-dessous des derniers flots, un tout petit cadran
a trouvé place. Tous les jours à minuit les deux
aiguilles indiquent l'heure exacte de la pleine mer
de la journée. C'est le moteur n° 15 qui commande
les deux aiguilles et donne aux marées leur ampli-
tude. Le mouvement de va-et-vient est imprimé aux
flots par le moteur n° 7, à balancier conique.

N° 3.

Ce cadran, avec celui qui lui fait pendant dans la
façade de gauche, est une des curiosités de l'horloge.
Ils sont l'un et l'autre l'œuvre de M. Léon Fenet, de
la manufacture des tapisseries de Beauvais, qui en

utilisant les loisirs de ses soirées, est devenu habile en astronomie. Par un prodige de patience et de soins, il a su, dans des proportions réduites presque à l'infiniment petit, conserver à son travail une exactitude mathématique. Tout le ciel visible est là représenté, et en même temps qu'on y reconnaît le savant, on admire l'ingénieux artiste qui semble y rendre la perfection et la finesse de ses plus belles tapisseries.

Le cadran nº 3 est destiné à reproduire les phénomènes auxquels donne lieu la marche apparente des étoiles. Il se compose de deux parties l'une mobile et l'autre fixe.

La partie mobile forme le planisphère proprement dit et en fait le fond. C'est un grand cercle dont la bordure est divisée en 365 jours 1/4, et dont l'intérieur, limité par une circonférence de 130º,34' de rayon, est une carte renfermant toute la portion du ciel qui passe sur l'horizon de Beauvais.

La partie fixe, collée sur une glace, présente d'abord un grand cercle extérieur divisé en 24 heures et en 1440 minutes, puis un disque concentrique, sur lequel on lit: *Planisphère Céleste,* etc. Une partie évidée et presque elliptique indique sur le planisphère l'horizon rationnel pour Beauvais ; un fil de soie dirigé du Nord au Sud et passant par le Pôle et par son Zénith, marque son méridien.

Sur le pourtour intérieur du disque qui limite l'horizon, est un cadran divisé de chaque côté du Méridien en 24 heures et de 5ᵐ en 5ᵐ.

Entre ce disque et le grand cercle extérieur, a été ménagée une ouverture circulaire par laquelle on peut lire les divisions de l'année sur le cadran mobile.

La carte céleste comprend toutes les constellations boréales et un grand nombre d'australes ; en tout 86 constellations et 4000 étoiles graduées, depuis la 1re grandeur jusqu'à la 6e, et réparties en 12 séries de grosseurs différentes, avec les noms des constellations, ceux des étoiles ou les lettres et chiffres qui servent à les désigner. Des signes conventionnels indiquent celles des étoiles qui offrent quelques particularités, comme les étoiles doubles, triples, multiples, variables. On y trouve encore près de 600 nébuleuses et amas d'étoiles Enfin la Voie lactée qui forme une large bande irrégulière peuplée d'une myriade d'étoiles, y est dessinée et finement pointillée avec ses différences d'éclat.

Au centre qui est en même temps le pivot de la carte, un point accuse le pôle boréal. Tout près, à 1",35', est l'étoile de moyenne grandeur connue sous le nom d'Etoile Polaire.

Ajoutons que toutes les positions des étoiles, nébuleuses, etc., sont déterminées rigoureusement d'après leur ascension droite et leur déclinaison. Cependant il s'en faut de beaucoup qu'elles soient espacées entre elles comme dans la voûte céleste. Il n'est pas possible de les représenter sur un plan sans que les rapports des distances soient notablement altérés.

On trouve encore dans ce cadran plusieurs lignes importantes :

1° A 90° degrès du Pôle, le cercle de l'Equateur. Les astres situées dans son plan sont constamment au dessus de l'horizon pendant 12 heures.

2° Le cercle de l'Ecliptique qui traverse les constellations du zodiaque. C'est la route que le soleil paraît suivre dans le cours de l'année ; et aussi à peu près celle que suivent la lune et les planètes.

3° Le cercle zénithal de Beauvais, sur lequel sont toutes les étoiles qui passent à son zénith, lorsqu'elles croisent le méridien.

4° Le cercle de perpétuelle apparition dont le pôle est le centre, et la latitude de Beauvais est le rayon. Les étoiles renfermées dans ce cercle ne se couchent pas, mais passent deux fois par jour au méridien, une fois au-dessus, et une autre fois au-dessous du pôle. Celles qui sont sur la circonférence même, rasent l'horizon dans leur passage au-dessous du pôle.

5° Enfin les cercles du Pôle arctique et des Tropiques.

Voici maintenant diverses observations qu'on peut faire avec ce cadran, en outre de celles qui viennent d'être indiquées.

1° Le planisphère mobile fait une révolution en un jour sidéral de 23 h. 56^m,4^s,09, et fait passer successivement toutes ses parties dans l'espace évidé de l'écran. On peut suivre son mouvement en fixant une étoile voisine du fil méridien, ou l'une des divisions de l'année dans le cadran que forme sa bordure et qu'on voit dans l'ouverture annulaire. Si on note l'instant précis où une étoile croise le méridien, on pourra l'observer le lendemain, y passant juste 3ᵐ,55ˢ,91 plus tôt.

2' Le planisphère donne, à chaque instant, l'aspect du ciel tel qu'il est au-dessus de l'horizon, et il en marque l'heure précise qu'on peut lire sur le grand cadran fixe ; elle y est indiquée par la division qui correspond au jour de l'observation sur la couronne mobile du cadran.

Du reste, quels que soient les jours de l'année, les divisions qui leur correspondent, sont justes en regard de l'heure à laquelle on aura le même aspect de la voûte céleste.

3° Pour les étoiles qui ne sont pas toujours au-dessus de l'horizon, on les suit dans toutes leurs positions depuis leur lever et leur passage au méridien, jusqu'à leur coucher.

4' Les étoiles sont plus ou moins longtemps visibles. Au point où l'étoile se lève, le cercle gradué donne en temps sidéral la durée de sa visibilité, et à son coucher, celle de son absence.

5° Si on considère plusieurs étoiles assez espacées, on remarque que leurs alignements paraissent changer par rapport au zénith à mesure que le cadran tourne. C'est le même phénomène que l'on observe dans le ciel, et qui embarrasse parfois ceux qui en commencent l'étude. Ce n'est que pour le Pôle que les groupes conservent toujours la même apparence de configuration. A l'Équateur toutes les étoiles des deux hémisphères passent dans le champ de l'horizon dans un jour sidéral ; aux pôles on ne peut voir que les étoiles d'un hémisphère ; mais elles ne se couchent pas et elles décrivent constamment des cercles concentriques avec celui de l'horizon.

Le planisphère met ainsi sous les yeux une image des mouvements apparents des étoiles; mais ce qu'il ne peut représenter, c'est la nature et la grandeur de ces corps qui ne sont pour nous que des points brillants; c'est leur nombre incalculable, c'est l'immensité des espaces où ils sont répandus.

Les astronomes pensent que les étoiles ont une lumière propre et sont de véritables soleils, plus gros souvent que le nôtre. Si elles paraissent si petites, c'est à cause de leur éloignement. Leur distance est tellement prodigieuse que les mesures ordinaires ne peuvent servir à en donner une idée.

Le soleil est déjà éloigné de nous d'environ 3700 fois le tour de la terre. Si on représente cette distance par un millimètre, une étoile de 1re grandeur serait à une distance d'environ 598 mètres, c'est-à-dire, 598000 plus grande que celle du soleil.

La lumière a une vitesse énorme de 75000 lieues à la seconde; elle ferait 8 fois le tour de la terre en une seconde; elle met 8^{m}15^s ou 495 fois plus de temps pour venir du soleil; il lui faudrait plus de neuf ans pour nous arriver des premières étoiles. Et il y a des étoiles qui sont probablement un millier de fois plus éloignées.

Les Nébuleuses qui comptent au nombre de près de 600 dans le planisphère, sont ainsi nommées par ce qu'elles ont l'apparence d'un brouillard lumineux. Avec des lunettes puissantes on y découvre des myriades d'étoiles comme accumulées les unes sur les autres. Ce seraient des systèmes de mondes à part.

Par analogie on a été amené à regarder notre soleil avec les étoiles ordinaires et la voie lactée comme formant aussi une nébuleuse. Elle aurait la forme d'un disque aplati, et notre soleil serait peu éloigné de son centre. Les étoiles les plus rapprochées paraîtraient naturellement éparses dans toutes les directions ; les plus éloignées se confondraient en une bande circulaire se projetant dans le ciel, et toute cette immensité, si elle était vue d'une des nébuleuses, n'apparaîtrait que comme un point dans l'espace.

Il y a plus. Certaines nébuleuses, quelle que ce soit la puissance des instruments avec lesquels on les observe, ne se résolvent pas en étoiles ; et, pour un certain nombre, il n'y a pas de doute, elles ne renferment qu'une nébulosité analogue à la matière de la queue des comètes. Dans quelques unes on reconnaît comme un ou plusieurs points de concentration. Sont-ce des mondes nouveaux en formation ? Les astronomes ne veulent pas en douter.

Mais ces nébuleuses sont peut-être des centaines de mille fois plus éloignées que la première étoile, dont la lumière ne nous arrive qu'après plus de 9 ans. Ce ne serait donc qu'après plusieurs fois neuf centaines de mille ans, que nous recevrions la lumière de ces nébuleuses. Au moment où nous les considérons, et où nous supputons les transformations par lesquelles elles pourraient passer, la scène a dû bien changer ; peut-être que tout s'est accompli et que tout a disparu depuis des milliers d'années. C'est l'incommensurable dans le temps comme dans l'espace.

Qu'est-ce que l'homme au milieu de ces immensités ? Cependant tous ces mondes ne connaissent même pas leur existence propre. Et l'homme sonde leurs abimes ; il arrête la lumière qu'ils lui envoient et il lui demande la nature des éléments qui les composent. Pascal ne dirait-il pas de nouveau qu'il est plus grand qu'eux tous. Qu'est-ce donc que Dieu qui les a créés et qui leur impose ses lois !!!

§ III. — Façade latérale de gauche.

Nᵒ 1ᵉʳ.

Ce cadran reproduit toutes les éclipses de soleil qui doivent être visibles à Beauvais, jusqu'à la fin du siècle (1).

Il est divisé en 24 heures. La terre placée à son centre fait un tour sur elle-même en 24 heures, et une aiguille marque l'heure sur le cadran. Un petit soleil d'or est fixé à la partie supérieure du cadran, sur la verticale qui passe par le centre de la terre.

Aux équinoxes, l'axe de la terre est perpendiculaire au plan du cadran. Mais ensuite, le pôle bo-

(1) Le cadran ne peut pas porter plus loin ses indications, parce que à l'Observatoire les éclipses ne sont calculées que pour un siècle. Mais le mécanisme est disposé de manière à les reproduire perpétuellement. Il suffira pour cela, d'un simple déplacement de rouages, à la fin de chaque siècle.

réal qui est en avant, se relève depuis l'équinoxe
du printemps jusqu'au solstice d'été, où il fait avec le
plan de l'horizon un angle de 23°,28'. L'angle diminue
alors successivement et arrive à zéro à l'équinoxe
d'automne ; il est de 23',28' au-dessous au solstice
d'hiver, et revient à zéro à l'équinoxe suivant.
Un petit cadran doré, placé sur le devant et sur
lequel glisse un index horizontal, est chargé de mar-
quer les degrés de la déclinaison. Ces divers mouvements font prendre à chaque point de la petite
sphère et particulièrement au point qui représente
Beauvais, toutes les positions qu'ils ont successivement dans la nature, par rapport au soleil réel.

On voit en outre sous ce cadran un petit globe
peint en blanc qui représente la lune. Elle est portée
à l'extrémité d'une tige de fer mobile autour de
l'axe de la terre. Elle fait sa révolution en un mois
lunaire, et passe par conséquent chaque mois en
face du petit soleil. S'il ne doit pas y avoir d'éclipse,
elle passe en arrière de la ligne droite de Beauvais
au centre du soleil ; si, au contraire il y a éclipse,
elle se trouve plus ou moins sur cette ligne, suivant
que l'éclipse est totale ou partielle. On a l'heure du
phénomène sur le cadran.

Nº 2.

Ce cadran reproduit les mêmes phénomènes que
le cadran nº 2 de la façade latérale droite ; le paysage
seul a changé. On y reconnaît le port de Jersey et
le château de Montorgueil.

N° 3.

Ce cadran est le pendant du cadran n° 3 de la baie latérale droite ; il est destiné absolument aux mêmes observations : seulement la scène a changé, et ces observations se font sur le ciel austral au nadir de Beauvais. Il contient 100 constellations, environ 4,000 étoiles graduées et 500 amas d'étoiles et nébuleuses. La disposition de ce planisphère est la même que pour le premier, si ce n'est qu'elle est dans un ordre renversé. C'est le Pôle Austral qui en est le centre. Le Sud est en haut et le Nord, en bas ; le lever se fait à droite et le coucher à gauche.

Lorsqu'une étoile se couche pour l'horizon de Beauvais, elle se lève en même temps sur le planisphère des antipodes, et réciproquement. Ce qui fait qu'une étoile n'est jamais visible en même temps sur les deux horizons. De même les durées de visibilité y sont toujours complémentaires.

La partie du ciel qui est totalement invisible à Beauvais forme la zône de perpétuelle apparition pour les antipodes. Elle est remarquable par l'éclat de la voie lactée, par le nombre de belles étoiles de 1re et de 2e grandeur, et surtout par les magnifiques constellations de la Croix du Sud, du Centaure et du Navire.

§ IV. — Cités et Donjons.

1° SONNERIES.

Ce sont les moteurs n°s 2 et 3 qui font marcher les sonneries ; il sont eux-mêmes commandés directement par le moteur principal. Un seul coup de cloche, donnant le *sol*, indique le premier quart ; *sol, fa*, indiquent le deuxième quart ; trois coups, donnant *sol, fa, mi*, indiquent le troisième quart ; *sol, fa, mi, re*, annoncent le quatrième quart. Une cloche donnant l'*ut* compte les heures.

2° SCÈNE DE JUGEMENT.

On a vu au commencement quels étaient les personnages figurés sur le meuble ; il reste à décrire la grande scène qu'ils ont à représenter.

Avant que le jugement commence, une première scène met en action la vie qui doit être récompensée ou punie, d'après l'usage qui en aura été fait. Aussi les 4 âges viennent-ils successivement prendre place en avant du donjon, pour être bientôt les victimes de la mort.

Après que l'heure a sonné et que la grande scène qu'on va raconter, est terminée, on voit sortir d'une grande baie percée dans une des façades du donjon à gauche, un enfant gracieux qui joue avec un bilboquet. Il s'arrête pendant un quart-d'heure ; puis il disparaît dans le donjon par une autre baie qui ouvre à droite.

Au 2ᵐᵉ quart, c'est un jeune homme avec un livre qui prend place et va bientôt rejoindre l'enfant.

Au 3ᵐᵉ quart, un guerrier armé de toutes pièces, emblème de l'âge mur, fait sa faction et disparaît également.

Enfin vient la vieillesse portant péniblement une

lourde aumônière pleine d'or que la mort va bientôt lui ravir.

Un instant avant que l'heure sonne, le coq agite les ailes, la queue et la tête ; puis il repête trois fois son chant.

L'heure sonne et on voit le Christ assis sur un trône, dans sa gloire, donner à des Anges portant des olifants le signal d'annoncer au monde que le temps est fini. Les Anges portent leurs olifants à la bouche et font entendre le son de la dernière trompette.

Les statues d'Adam, de Noë, d'Abraham et de Moïse, ainsi que les quatre Prophètes se tournent vers Dieu ; les deux Anges qui portent les attributs de la Passion, font aussi un demi-tour. Tout est dans l'attente.

Alors les personnages qui représentent les divers peuples du monde, disparaissent des fenêtres qu'ils occupaient, comme frappés par la mort, et l'on voit, à leur place, des flammes sortir par toutes les ouvertures ; c'est l'emblème de la destruction générale. Alors commence le jugement.

D'une grande baie cintrée placée à la gauche du visiteur et à la droite du Christ, la Vertu sort timide mais calme ; elle vient se placer devant Dieu et reste dans l'attente. La Très-Sainte Vierge et Saint Joseph joignent les mains et gardent cette attitude suppliante jusqu'à ce que le jugement soit prononcé. L'Archange St Michel, tenant une grande balance à la main, fait la pesée du bien et du mal, et la balance trébuche du côté du bien ; le Christ donne aussitôt sa bénédiction. Alors un Ange jouant de la mandoline vient prendre la vertu et la conduit dans le ciel au son d'une douce et gracieuse harmonie.

Quand cette scène est achevée, le vice paraît à son tour dans toute sa nudité. Il est enveloppé d'un serpent et honteux de ses crimes il se cache la tête avec le bras. Comme il a suivi une autre route que la Vertu, c'est aussi par une baie opposée qu'il sort pour venir prendre place devant Dieu et attendre son jugement. La Très-Sainte Vierge et Saint Joseph intercèdent encore ; mais cette fois, la balance de St Michel trébuche du côté du mal. Alors Dieu par le mouvement de la tête et des bras repousse le pécheur. C'est le chatiment qui va commencer. En effet un Diable hideux, armé d'un trident, vient prendre le coupable et le conduit en enfer au bruit du tonnerre.

Le jugement terminé, les flammes disparaissent des baies des côtés ; les peuples reprennent leur place et les diverses statuettes reviennent à leur première position.

Ce sont les moteurs n° 4, 9, 11, 12, 13, 14, qui communiquent ces divers mouvements. Il n'est pas possible de décrire la manière dont ils se donnent ou se renvoient le signal de leur action ; ni surtout d'expliquer en détail les mouvements si compliqués qu'ils font exécuter.

NOTA. — Sur le moteur principal on peut voir un commutateur électrique que fait marcher le remontoir d'égalité, et qui toutes les quatre secondes ferme un courant voltaïque. Ce courant permettrait à M. Vérité, par l'application de l'une de ses plus merveilleuses découvertes, d'enchaîner mathématiquement à la marche de son régulateur toutes les horloges de Beauvais, sans rien changer à leur mécanisme.

Ce système fonctionne déjà depuis longtemps dans plusieurs localités et établissements importants, et notamment à l'Observatoire de Paris.

Nous croyons faire acte de justice en nommant ici les artistes qui ont le plus largement concouru à l'édification de cette horloge.

Pour la statuaire, M. CONSTANCIEL, élève de l'école des Beaux-Arts, à Paris.

Pour la décoration, le Frère ARTHÈME, secondé par M. LENORMAND, peintre-décorateur à Beauvais.

Nous devons nommer aussi M. FONTAINE, de Beauvais, qui a exécuté avec un talent remarquable une partie des sculptures.

2907 — Amiens. — Imp. Alfred Caron fils et Cⁱᵉ.

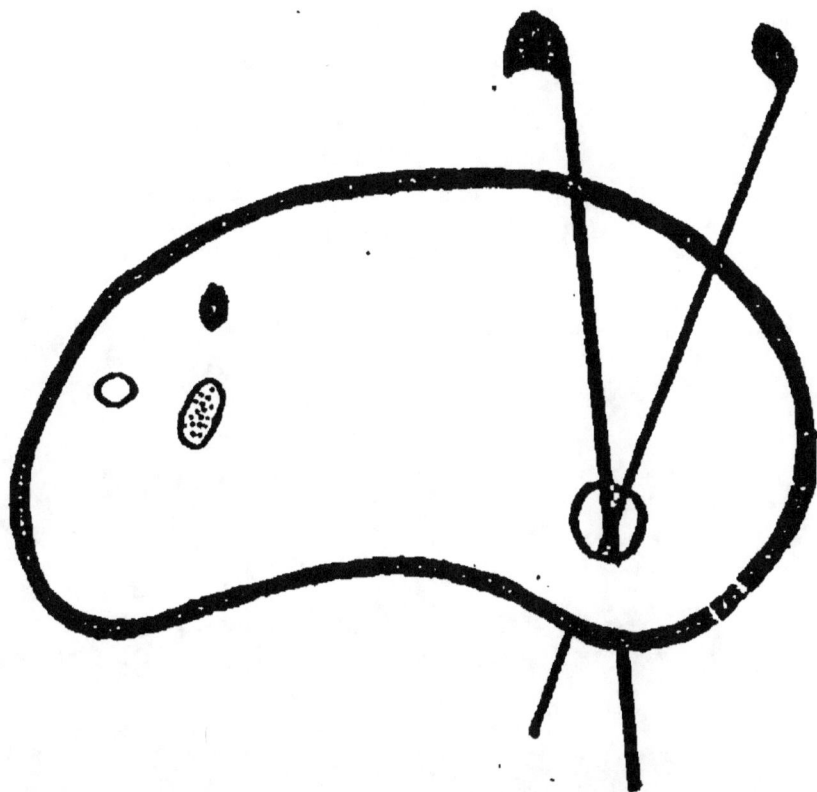

ORIGINAL EN COULEUR
NF Z 43-120-8

www.ingramcontent.com/pod-product-compliance
Lightning Source LLC
LaVergne TN
LVHW050303090426
835511LV00039B/1313